Athanase ZOGO

LES DONS SPIRITUELS

Athanase ZOGO

LES DONS SPIRITUELS

IMPORTANCE ET USAGE

Éditions Croix du Salut

Imprint
Any brand names and product names mentioned in this book are subject to trademark, brand or patent protection and are trademarks or registered trademarks of their respective holders. The use of brand names, product names, common names, trade names, product descriptions etc. even without a particular marking in this work is in no way to be construed to mean that such names may be regarded as unrestricted in respect of trademark and brand protection legislation and could thus be used by anyone.

Cover image: www.ingimage.com

Publisher:
Éditions Croix du Salut
is a trademark of
Dodo Books Indian Ocean Ltd. and OmniScriptum S.R.L publishing group

120 High Road, East Finchley, London, N2 9ED, United Kingdom
Str. Armeneasca 28/1, office 1, Chisinau MD-2012, Republic of Moldova, Europe
Printed at: see last page
ISBN: 978-620-6-17061-7

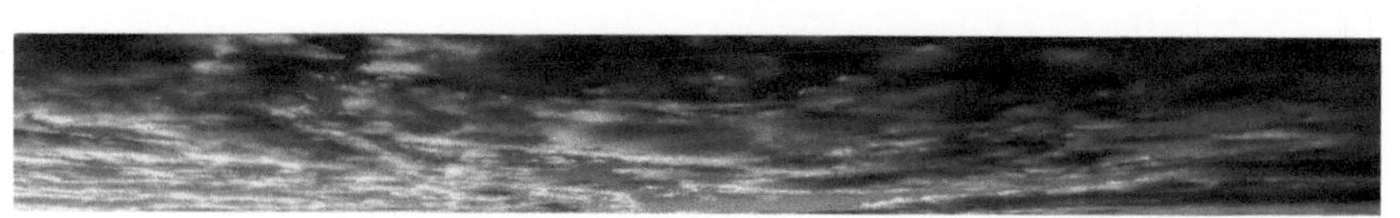

JERUSALEM MISSION EVANGELIQUE - JME

LES DONS SPIRITUELS :

IMPORTANCE ET USAGE

Evangéliste Athanase ZOGO

Sommaire --->

Les dons spirituels sont des capacités spéciales conférées par le Saint-Esprit aux croyants pour les aider à servir et édifier l'Église. Ils sont essentiels pour la vie chrétienne, car ils permettent aux membres du corps du Christ de fonctionner harmonieusement et efficacement dans leur vocation spirituelle.

Les dons spirituels sont des habilités ou des talents que Dieu accorde par l'Esprit Saint, distincts des talents naturels ou des compétences humaines. Ils ne sont pas mérités ou acquis par nos efforts personnels, mais sont des manifestations de la grâce divine. La Bible les décrit comme des « dons » qui servent à l'édification de l'Église, la glorification de Dieu, et la propagation de l'Évangile. Ils trouvent leur origine dans les Écritures. Le Nouveau Testament, notamment dans les lettres de Paul aux Églises (comme dans 1 Corinthiens 12, Romains 12, et Éphésiens 4), fournit des enseignements clés sur la nature et la fonction des dons spirituels. Ces dons sont donnés par le Saint-Esprit pour répondre aux besoins particuliers de la communauté chrétienne. Ils jouent donc un rôle crucial dans la vie de l'Église, permettent aux croyants de participer activement à l'œuvre de Dieu, renforcent la communauté chrétienne, et favorisent une croissance spirituelle collective. Sans eux, l'Église serait démunie et incapable de remplir pleinement sa mission sur terre.

Les dons spirituels se manifestent de différentes manières. Certains sont des dons de pouvoir, comme la guérison et les miracles ; d'autres sont des dons de connaissance, comme la prophétie et le discernement ; et d'autres encore sont des dons de service, comme l'enseignement et l'administration. Chaque don a une fonction spécifique et est nécessaire pour le bon fonctionnement de l'ensemble du corps de Christ. Pour que les dons spirituels soient efficaces, ils doivent être utilisés avec discernement et amour. L'usage des dons doit toujours viser à édifier les autres et à glorifier Dieu. L'apôtre Paul nous enseigne que les dons doivent être exercés dans l'amour, sans quoi ils deviennent vides et inefficaces (1 Corinthiens 13).

L'objectif principal de cet ouvrage est d'aider les croyants à comprendre et à utiliser leurs dons spirituels de manière appropriée. En explorant les différentes facettes des dons spirituels, nous visons à encourager une pratique fidèle, une meilleure connaissance de soi, et une plus grande harmonie au sein de la communauté chrétienne.

Les dons spirituels sont profondément enracinés dans les Écritures. Leur compréhension et leur pratique reposent sur plusieurs passages clés du Nouveau Testament qui décrivent leur origine, leur nature, et leur but. Voici les principaux fondements bibliques des dons spirituels:

Les dons spirituels proviennent directement de Dieu, et plus précisément du Saint-Esprit. Dans 1 Corinthiens 12, 4 - 7, Paul explique que « il y a diversité de dons, mais le même Esprit ; diversité de ministères, mais le même Seigneur ; diversité d'opérations, mais le même Dieu qui opère tout en tous ». Ce passage met en lumière que les dons ne sont pas le fruit de l'effort humain mais des manifestations de la grâce divine. Dans 1 Corinthiens 12, 7 - 11, l'apôtre Paul liste plusieurs dons spirituels, tels que la sagesse, la connaissance, la foi, les guérisons, le don de miracles, la prophétie, le discernement des esprits, les langues, et l'interprétation des langues. Il précise que ces dons sont donnés « à chacun en particulier comme il veut » et qu'ils sont accordés par le Saint-Esprit selon Sa volonté et Son plan. Il souligne aussi l'importance de la diversité des dons tout en affirmant leur contribution à l'unité de l'Église dans 1 Corinthiens 12, 12 – 27 ; compare l'Église à un corps avec de nombreux membres, chacun ayant une fonction différente mais indispensable pour le bon fonctionnement du tout. Cette métaphore illustre comment chaque don, bien que distinct, est essentiel pour l'édification du corps de Christ.

1 Corinthiens 13 est un chapitre clé qui place l'amour au centre de l'exercice des dons spirituels. L'apôtre Paul affirme que même si quelqu'un possède tous les dons et fait des miracles, sans l'amour, ces dons sont vides et inutiles. L'amour est présenté comme le fondement et la motivation principale pour utiliser les dons de manière constructive et bienveillante. Les dons spirituels ne sont pas seulement pour le bénéfice individuel mais servent également à la croissance spirituelle de la communauté chrétienne. Éphésiens 4, 11 - 13 mentionne que Christ a donné divers ministères (apôtres, prophètes, évangélistes, pasteurs, et enseignants) pour « équiper les saints en vue de l'œuvre du ministère et de l'édification du corps de Christ », jusqu'à ce que nous atteignions la maturité spirituelle. Les dons ont un but pratique : **servir les autres**. Romains 12, 6 - 8 décrit les dons comme étant des capacités pour servir de différentes manières : prophétie, ministère, enseignement, exhortation, partage, direction, et miséricorde. Chacun de ces dons est destiné à contribuer au bien commun et à l'avancement du Royaume de Dieu. Les dons spirituels sont également essentiels pour accomplir la mission de l'Église dans le monde. Actes 1, 8 déclare que les disciples recevront « une puissance lorsque le Saint-Esprit sera sur eux », leur permettant ainsi de témoigner de Jésus jusqu'aux extrémités de la terre. Les dons sont donc des outils donnés par Dieu pour propager l'Évangile et témoigner de Sa grâce.

Ces fondements bibliques offrent une vue d'ensemble essentielle pour comprendre les dons spirituels dans leur contexte scripturaire. Ils montrent comment ces dons sont donnés par Dieu, sont variés mais unifiés dans leur objectif, et doivent être exercés dans l'amour pour servir la communauté chrétienne et accomplir la mission divine.

Les dons spirituels, tels que décrits dans le Nouveau Testament, sont variés et répondent à des besoins spécifiques dans la vie de l'Église et dans le ministère chrétien. Voici une présentation des différents types de dons spirituels, basée principalement sur les passages bibliques clés:

- **Le Don de Sagesse** : Ce don permet de faire preuve d'une compréhension profonde et pratique des vérités spirituelles. Il aide à appliquer les principes de Dieu à des situations spécifiques et à donner des conseils judicieux (1 Corinthiens 12, 8) ;

- **Le Don de Connaissance** : Ce don concerne la compréhension et la révélation de mystères divins et de vérités cachées. Il est souvent associé à la capacité de percevoir et d'expliquer les choses comme Dieu les voit (1 Corinthiens 12, 8) ;

- **Le Don de Foi** : Ce don est une confiance spéciale et surabondante en Dieu, au-delà de la foi salvatrice commune. Il est souvent associé à une assurance inébranlable pour des choses impossibles ou des situations difficiles (1 Corinthiens 12, 9) ;

- **Le Don de Guérison** : Ce don permet à une personne de guérir des maladies et des infirmités de manière surnaturelle, par la puissance du Saint-Esprit. Il vise à restaurer la santé physique, émotionnelle, et parfois spirituelle (1 Corinthiens 12, 9) ;

- **Le Don de Miracles** : Ce don se manifeste par la réalisation de phénomènes surnaturels qui défient les lois naturelles. Les miracles attestent de la puissance de Dieu et servent à renforcer la foi (1 Corinthiens 12, 10) ;

- **Le Don de Prophétie** : Ce don permet de recevoir et de communiquer des messages de Dieu pour l'édification, la consolation, et l'exhortation de la communauté chrétienne. La prophétie peut inclure la prédiction de l'avenir ou l'énonciation de la volonté de Dieu dans des situations particulières (1 Corinthiens 12, 10) ;

- **Le Don de Discernement des Esprits** : Ce don donne la capacité de reconnaître et de discerner les influences spirituelles, qu'elles soient bonnes ou mauvaises. Il est essentiel pour éviter les tromperies et pour guider les décisions spirituelles (1 Corinthiens 12, 10) ;

- **Le Don de Langues** : Ce don permet de parler en langues inconnues ou non apprises, souvent pour la prière ou l'adoration. Il peut également inclure le **don d'interprétation** des langues (1 Corinthiens 12, 10) ;

- **Le Don de Ministère** : Aussi appelé le don de service ou de diaconat, il concerne le service pratique aux autres. Cela inclut des tâches telles que l'aide aux nécessités matérielles et l'accompagnement des membres de l'Église (Romains 12, 7) ;

- **Le Don d'Administration** : Ce don est associé à la capacité d'organiser, de planifier, et de diriger efficacement des activités et des ressources au sein de l'Église (1 Corinthiens 12, 28) ;

- **Le Don d'Exhortation** : Ce don donne la capacité d'encourager et de motiver les autres à avancer dans leur foi et à vivre selon les enseignements de la Bible. Il inclut le conseil, la motivation, et l'encouragement pratique (Romains 12, 8) ;

- **Le Don de Partage** : Ce don se manifeste par la capacité de donner généreusement et de manière désintéressée, en répondant aux besoins matériels des autres avec une attitude de gratitude et de compassion (Romains 12, 8) ;

- **Le Don de Direction** : Aussi appelé le don de leadership, il permet de guider et de diriger les membres de l'Église avec sagesse et vision, en prenant des décisions éclairées pour le bien de la communauté (Romains 12, 8) ;

- **Le Don de Miséricorde** : Ce don permet d'éprouver une profonde compassion et de montrer de la gentillesse envers ceux qui sont dans le besoin, en offrant soutien et encouragement dans les moments de difficulté (Romains 12, 8) ;

- **Le Don de Pasteur** : Ce don implique la capacité de prendre soin des membres de l'Église, de les guider spirituellement, et de veiller à leur bien-être général (Éphésiens 4, 11) ;

- **Le Don d'Enseignement** : Ce don concerne l'explication claire et précise des Écritures et la transmission des enseignements bibliques de manière à édifier et à instruire les autres (Éphésiens 4, 11).

Ces différents types de dons spirituels montrent la richesse et la diversité des moyens par lesquels le Saint-Esprit équipe les croyants pour servir et édifier l'Église. Chaque don est unique et joue un rôle spécifique dans le corps de Christ, contribuant ainsi à la mission globale de l'Église et à la croissance spirituelle des individus.

Les dons spirituels jouent un rôle essentiel dans la vie chrétienne, tant pour le développement personnel des croyants que pour l'édification collective de l'Église. Voici les principales raisons pour lesquelles ces dons sont importants :

1. Édification du Corps de Christ

Les dons spirituels sont principalement destinés à l'édification de l'Église. Dans 1 Corinthiens 12, 7, l'apôtre Paul écrit : « À chacun est donné la manifestation de l'Esprit pour le bien commun ». Les dons servent à renforcer et à encourager les membres de la communauté chrétienne, à les aider à grandir dans la foi et à promouvoir l'unité au sein du corps de Christ. En utilisant leurs dons, les croyants contribuent à un environnement où la croissance spirituelle et la communion se développent.

2. Accomplissement de la Mission de l'Église

Les dons spirituels sont essentiels pour accomplir la mission de l'Église dans le monde. Éphésiens 4, 11 - 12 nous dit que les dons de ministères comme les pasteurs, les enseignants, et les évangélistes sont donnés « pour l'édification du corps de Christ ». Les dons permettent à l'Église de remplir sa mission de proclamation de l'Évangile, de service aux nécessiteux, et d'impact dans le monde. Sans ces dons, l'Église serait moins efficace dans son rôle de témoin et de lumière dans le monde.

3. Promotion de l'Unité et de la Coopération

Les dons spirituels favorisent l'unité et la coopération au sein de la communauté chrétienne. Dans 1 Corinthiens 12, 12 - 27, l'apôtre Paul compare l'Église à un corps avec de nombreux membres, chacun ayant une fonction spécifique mais tous travaillant ensemble pour le bien du corps. Cette métaphore illustre que chaque don, bien que distinct, est crucial pour le fonctionnement harmonieux de l'Église. Les dons encouragent les croyants à reconnaître et à apprécier les contributions des autres et à travailler ensemble pour atteindre des objectifs communs.

4. Renforcement de la Croissance Spirituelle Personnelle

Les dons spirituels contribuent également à la croissance spirituelle individuelle. Ils permettent aux croyants d'expérimenter la puissance de Dieu dans leur vie quotidienne, de développer des compétences spirituelles, et de se découvrir des aspects de leur vocation divine. Par exemple, le don d'enseignement peut approfondir la compréhension des Écritures, tandis que le don de prophétie peut renforcer la conscience de la direction divine dans la vie personnelle.

5. Révélation de la Nature de Dieu

L'utilisation des dons spirituels révèle la nature et le caractère de Dieu. Les dons tels que les miracles, les guérisons, et la prophétie manifestent la puissance, la compassion et la sagesse de Dieu d'une manière tangible. Cela aide les croyants à comprendre et à expérimenter la présence active de Dieu dans leur vie et dans le monde.

6. Témoignage de la Puissance de Dieu

Les dons spirituels servent de témoignage puissant de la réalité de Dieu et de Son royaume. Actes 1, 8 affirme que les croyants recevront « une puissance lorsque le Saint-Esprit sera sur eux » pour être témoins de Jésus. Les manifestations des dons spirituels peuvent attirer l'attention des non-croyants et ouvrir des opportunités pour partager la foi chrétienne.

7. Encouragement et Réconfort

Les dons tels que la prophétie, l'exhortation et la miséricorde apportent réconfort et encouragement aux membres de l'Église. Dans 1 Corinthiens 14, 3, l'apôtre Paul explique que « celui qui prophétise édifie l'Église », soulignant que les dons sont utilisés pour apporter soutien, encouragement et consolation aux croyants, surtout dans les moments de détresse.

8. Exercice de la Vie Chrétienne Active

Les dons spirituels encouragent une vie chrétienne active et engagée. Ils poussent les croyants à participer activement à la vie de l'Église, à utiliser leurs capacités pour servir les autres, et à vivre leur foi de manière dynamique et impliquée. Les dons ne sont pas des objets de fierté personnelle mais des moyens de servir les autres et d'honorer Dieu.

En résumé, les dons spirituels sont vitaux pour la vie chrétienne car ils renforcent l'Église, accomplissent la mission divine, favorisent l'unité et la coopération, et permettent une croissance spirituelle personnelle. Ils révèlent la nature de Dieu, témoignent de Sa puissance, et apportent encouragement et réconfort aux croyants. En utilisant leurs dons, les chrétiens participent activement à l'œuvre de Dieu dans le monde et contribuent au bien-être de leur communauté spirituelle.

Découvrir ses dons spirituels est un processus personnel et spirituel qui implique une recherche sincère de la volonté de Dieu et une volonté d'ouvrir son cœur aux manifestations du Saint-Esprit. Voici des étapes et des conseils pour vous aider à identifier et développer vos dons spirituels :

- **La Prière** : Commencer par prier pour demander à Dieu de nous révéler nos dons spirituels. La prière est essentielle pour demander la direction du Saint-Esprit dans la découverte de nos dons. Demander à Dieu de nous ouvrir les yeux sur les dons qu'Il a placés en nous ;

- **Les Lectures Bibliques** : Méditer sur les passages bibliques concernant les dons spirituels, tels que 1 Corinthiens 12, Romains 12, Éphésiens 4, et 1 Pierre 4, 10 - 11. Cela nous aide à comprendre les différents types de dons et à reconnaître les qualités qui pourraient correspondre à ce que nous expérimentons ;

- **L'Identification des Passions** : Réfléchir aux activités et aux ministères qui nous passionnent le plus. Les dons spirituels sont souvent liés aux passions et aux intérêts que Dieu a placés dans notre cœur ;

- **L'Évaluation des Compétences Naturelles** : Examiner les compétences et talents naturels que nous possédons. Parfois, les dons spirituels se manifestent à travers des capacités que nous avons déjà mais qui sont maintenant utilisés pour servir Dieu et les autres ;

- **Les Inventaires Spirituels** : Utiliser des tests ou des inventaires spirituels pour aider à identifier nos dons. De nombreux outils en ligne ou guides d'églises offrent des questionnaires pour évaluer les dons spirituels. Bien que ces outils ne soient pas infaillibles, ils peuvent offrir des perspectives utiles ;

- **L'Engagement dans le Service** : Participer activement aux ministères et aux activités de l'Église. Le service pratique dans diverses fonctions peut aider à découvrir les dons spirituels que nous possédons. Par exemple, si nous trouvons que nous excellons dans l'enseignement ou l'encouragement, cela peut indiquer un don spécifique ;

- **Le Retour d'Expérience** : Solliciter des retours de la part des autres membres de l'Église ou des leaders spirituels. Ils peuvent observer des dons et des talents en vous que vous n'aurez peut-être pas remarqués ;

- **L'Éducation Spirituelle** : Participer à des études bibliques, des groupes de prière, et des formations spirituelles. Ces activités peuvent aider à développer et affiner vos dons spirituels. Les séminaires et les ateliers sur les dons spirituels peuvent également être bénéfiques ;

- **Le Mentorat et les Conseils** : Chercher à être guidé par des mentors spirituels ou des conseillers expérimentés. Ils peuvent offrir des conseils pratiques, des encouragements, et une orientation pour mieux comprendre et utiliser vos dons ;

- **Le Temps et la Patience** : La découverte des dons spirituels est souvent un processus qui prend du temps. Être patient et continuer à chercher la volonté de Dieu. Les dons peuvent se manifester et se développer progressivement ;

- **La Confiance en Dieu** : Avoir confiance en la promesse de Dieu de nous doter des dons nécessaires pour accomplir Sa volonté. Dieu connaît nos capacités et nous donnera les dons dont nous avons besoin pour servir efficacement dans le corps du Christ ;

- **L'Application Pratique** : Une fois que nous avons une idée de nos dons, chercher à les utiliser activement dans le cadre de notre Église locale. Que ce soit en enseignant, en administrant, en exhortant ou en servant, l'application pratique de nos dons dans des ministères réels nous permettra de les affiner et de les développer davantage ;

- **La Rétroaction et l'Ajustement** : Prendre en compte les retours et les expériences pour ajuster et améliorer l'utilisation de nos dons. Le processus de découverte est dynamique et peut évoluer avec le temps.

En suivant ces étapes, nous pouvons mieux comprendre et découvrir les dons spirituels que Dieu a placés en nous. La découverte des dons spirituels est une aventure spirituelle qui implique prière, auto-évaluation, expérimentation, formation, et service. En fin de compte, il s'agit de mettre nos dons, Dons de Dieu, au service de Dieu et des autres pour l'édification du corps de Christ.

Les dons spirituels jouent un rôle crucial dans la vie de l'Église, servant à l'édification, à l'unité et à la mission de la communauté chrétienne. Voici une vue d'ensemble détaillée des principaux rôles que les dons spirituels jouent dans l'Église :

1. Édification de l'Église

- **Renforcement Spirituel** : Les dons spirituels contribuent à la croissance et à la maturité spirituelle des membres de l'Église. Par exemple, le don d'enseignement permet de transmettre la vérité biblique et de former les croyants dans leur foi. Les dons de prophétie et de sagesse apportent des encouragements et des conseils pour naviguer dans les défis spirituels et moraux ;

- **Encouragement et Consolation** : Les dons comme l'exhortation, la miséricorde et la prophétie apportent du réconfort, de l'encouragement et de l'édification aux membres de l'Église. Ils aident les croyants à rester fermes dans leur foi et à surmonter les moments difficiles.

2. Unité et Cohésion

- **Favorisation de l'Unité** : Dans 1 Corinthiens 12, 12 - 27, l'apôtre Paul compare l'Église à un corps avec de nombreux membres, chacun ayant un rôle distinct mais tous nécessaires au bon fonctionnement du tout. Les dons spirituels favorisent l'unité en encourageant les membres à reconnaître et à apprécier la diversité des contributions au sein de l'Église ;

- **Harmonie dans le Service** : Les dons permettent à chacun de contribuer selon ses capacités spécifiques, créant ainsi une harmonie et une coopération entre les différents ministères et fonctions au sein de l'Église. Cela permet de mieux répondre aux besoins variés de la communauté chrétienne.

3. Accomplissement de la Mission de l'Église

- **Proclamation de l'Évangile** : Les dons spirituels, tels que le don d'évangélisation et les miracles, sont essentiels pour annoncer et démontrer le message de l'Évangile. Ils aident à attirer des personnes vers Christ et à étendre le Royaume de Dieu sur terre ;
- **Service aux Nécessiteux** : Les dons de service, de miséricorde et de partage permettent aux membres de l'Église de répondre aux besoins matériels et émotionnels des autres, incarnant ainsi l'amour de Dieu par des actions concrètes.

4. Leadership et Direction

- **Guidance Spirituelle** : Les dons de leadership, d'administration et de discernement jouent un rôle crucial dans la direction et l'organisation de l'Église. Ils aident à planifier, à prendre des décisions éclairées et à guider la communauté dans la mise en œuvre des plans et des stratégies pour le ministère ;

- **Encadrement et Formation** : Les dons de pasteur et d'enseignement sont essentiels pour former, guider et encadrer les membres de l'Église. Les pasteurs veillent à la santé spirituelle de la congrégation, tandis que les enseignants transmettent les connaissances bibliques nécessaires à une croissance continue.

5. Manifestation de la Présence de Dieu

- **Révélation de la Puissance Divine** : Les dons spirituels, comme les miracles et les guérisons, manifestent la puissance et la présence de Dieu dans la vie de l'Église. Ils servent de témoignage visible de l'action de Dieu et renforcent la foi des croyants ;
- **Expérience Spirituelle** : Les dons permettent aux croyants de vivre des expériences spirituelles profondes et de percevoir la réalité du royaume de Dieu de manière tangible. Ils enrichissent la vie de l'Église en apportant une dimension surnaturelle à la foi chrétienne.

6. Développement Personnel des Croyants

- **Croissance Spirituelle** : Les dons spirituels permettent aux croyants de découvrir et de développer leurs talents et capacités spirituels. En exerçant leurs dons, les membres de l'Église grandissent dans leur relation avec Dieu et deviennent plus aptes à servir les autres ;
- **Renforcement des Relations** : L'utilisation des dons favorise des relations plus profondes et significatives entre les membres de

l'Église. En travaillant ensemble dans les ministères, les croyants développent des liens de fraternité et d'amour mutuel.

7. Adaptation aux Besoins de la Communauté

- **Réponse aux Besoins** : Les dons permettent à l'Église de s'adapter aux besoins spécifiques de la communauté locale. Par exemple, le don de guérison peut répondre à des besoins de santé, tandis que le don de sagesse peut offrir des conseils dans des situations complexes ;
- **Innovation et Créativité** : Les dons inspirent la créativité et l'innovation dans les ministères et les activités de l'Église, permettant à la communauté chrétienne de répondre de manière dynamique aux défis et aux opportunités.

En résumé, les dons spirituels jouent un rôle vital dans l'Église en contribuant à son édification, en favorisant l'unité, en accomplissant sa mission, et en manifestant la présence de Dieu. Ils permettent aux croyants de grandir spirituellement, de servir efficacement, et de répondre aux besoins de la communauté. Par leur diversité et leur fonction, les dons spirituels enrichissent la vie de l'Église et soutiennent son ministère dans le monde.

Les dons spirituels ne sont pas seulement des outils pour le service et l'édification de l'Église ; ils jouent également un rôle significatif dans la croissance spirituelle personnelle des croyants. Voici comment les dons spirituels contribuent à cette croissance :

1. Découverte de l'Identité Spirituelle

- **Connaissance de Soi** : Les dons spirituels aident les croyants à comprendre leurs capacités et leur vocation en Christ. En découvrant leurs dons, les individus réalisent mieux comment Dieu les a façonnés et équipés pour des rôles spécifiques dans le Royaume de Dieu ;

- **Renforcement de la Confiance en Dieu** : La reconnaissance et l'utilisation des dons spirituels renforcent la confiance en Dieu. Les croyants voient comment Dieu œuvre en eux et à travers eux, ce qui augmente leur foi et leur assurance en Sa guidance et Sa provision.

2. Développement de Compétences Spirituelles

- **Affinement des Capacités** : Les dons spirituels permettent aux croyants de développer et d'affiner des compétences spécifiques, telles que l'enseignement, la prière, ou le discernement. Ces compétences sont essentielles pour la croissance spirituelle, car elles facilitent une relation plus profonde et plus effective avec Dieu ;

- **Pratique de la Foi** : L'exercice des dons spirituels offre des occasions concrètes de mettre en pratique la foi. Par exemple, le don de miséricorde peut conduire à des actes de compassion, tandis que le don de prophétie encourage une communication constante avec Dieu et une écoute attentive à Sa volonté.

3. Croissance dans la Maturité Spirituelle

- **Édification Personnelle** : Les dons tels que l'enseignement et la sagesse aident à comprendre les vérités bibliques plus profondément. Une meilleure connaissance de la Parole de Dieu conduit à une maturité spirituelle accrue et à une vie chrétienne plus équilibrée et éclairée ;
- **Résolution des Conflits Spirituels** : Les dons de discernement et de conseil permettent de naviguer à travers des défis spirituels et émotionnels avec plus de sagesse et de discernement. Cela contribue à une croissance spirituelle en aidant à résoudre des problèmes et à surmonter des obstacles personnels.

4. Enrichissement de la Vie de Prière et de Méditation

- **Approfondissement de la Prière** : Les dons spirituels, tels que le don de langues ou le don de prière, enrichissent la vie de prière personnelle. Ils permettent une expression plus profonde et plus variée de la relation avec Dieu, facilitant une communion plus intime avec Lui ;

- **Méditation Spirituelle** : L'utilisation des dons comme la prophétie ou la sagesse encourage la méditation sur les vérités spirituelles et la direction divine, renforçant ainsi la compréhension personnelle de la volonté de Dieu.

5. Formation du Caractère Chrétien

- **Manifestation des Fruits de l'Esprit** : L'exercice des dons spirituels contribue au développement des fruits de l'Esprit (Galates 5, 22 - 23). Par exemple, le don de miséricorde favorise la patience et la bonté, tandis que le don d'exhortation encourage l'amour et la joie ;

- **Modèle de Vie Chrétienne** : En utilisant les dons pour servir les autres, les croyants sont appelés à vivre selon les valeurs chrétiennes de sacrifice, d'humilité, et de service. Cela contribue à former un caractère chrétien fort et authentique.

6. Encouragement à la Vie de Communauté

- **Création de Liens Spirituels** : Les dons spirituels favorisent la création de liens profonds avec d'autres croyants en servant ensemble dans des ministères communs. Cette interaction renforce les relations spirituelles et contribue à un sentiment de communauté et de soutien mutuel ;

- **Croissance par le Service Commun** : Le service basé sur les dons spirituels offre des opportunités de croître ensemble en tant que communauté chrétienne, partageant les expériences et les défis dans un cadre de soutien et d'encouragement mutuel.

7. Renforcement de la Vision Spirituelle

- **Perspectives Spirituelles** : Les dons comme le discernement et la prophétie permettent d'avoir une vision plus claire des objectifs et des plans de Dieu pour sa vie personnelle et pour l'Église. Cette clarté renforce la compréhension des plans divins et encourage une marche fidèle avec Dieu ;
- **Direction Divine** : En recevant et en exerçant des dons spirituels, les croyants obtiennent une direction plus précise pour leur vie et leur ministère, ce qui aide à aligner leurs actions et décisions avec la volonté divine.

En conclusion, les dons spirituels sont des instruments puissants pour la croissance spirituelle personnelle. Ils permettent aux croyants de découvrir leur identité en Christ, de développer des compétences spirituelles, de mûrir dans leur foi, et d'enrichir leur vie de prière et de méditation. Les dons contribuent également à former un caractère chrétien solide, à encourager la vie en communauté, et à renforcer la vision spirituelle. En utilisant les dons spirituels, les croyants peuvent vivre une vie chrétienne plus épanouissante et alignée avec la volonté de Dieu.

Le don de prophétie est l'un des dons spirituels mentionnés dans le Nouveau Testament, souvent mal compris ou mal interprété. Il joue un rôle crucial dans la vie de l'Église en apportant des révélations divines et en édifiant les croyants. Voici une exploration approfondie de ce don, de sa compréhension à son application pratique.

1. Compréhension du Don de Prophétie

Le don de prophétie est la capacité donnée par le Saint-Esprit de recevoir et de communiquer des messages de Dieu. Ces messages peuvent inclure des révélations sur la volonté de Dieu, des avertissements, des encouragements, ou des directives pour la communauté chrétienne ou pour des individus spécifiques.

a) Les Bases Bibliques de la Prophétie :

- **1 Corinthiens 12, 10** : « À un autre, la prophétie ». Le don de prophétie est listé parmi les manifestations spirituelles accordées par le Saint-Esprit ;
- **1 Corinthiens 14, 1** : « Recherchez l'amour ; aspirez aussi aux dons spirituels, mais surtout à celui de prophétie ». L'apôtre Paul met en avant l'importance du don de prophétie pour l'édification de l'Église ;
- **Actes 2, 17** : Cité de Joël, il est dit que dans les derniers jours, Dieu « répandra de mon Esprit sur toute chair ; vos

fils et vos filles prophétiseront, vos jeunes gens auront des visions, vos vieillards auront des songes ».

b) La Nature de la Prophétie

- **Révéler la Volonté de Dieu** : La prophétie peut révéler la volonté de Dieu pour une situation ou pour l'avenir. Elle aide à comprendre les plans divins ;
- **Encourager et Consoler** : La prophétie est souvent utilisée pour encourager, réconforter et édifier les croyants (1 Corinthiens 14, 3) ;
- **Exhorter** : Elle peut également servir à exhorter les croyants à une conduite plus conforme aux enseignements de Dieu.

2. Application Pratique du Don de Prophétie

a) Utilisation dans l'Église

- **Édifier l'Église** : La prophétie doit toujours viser l'édification, l'encouragement et le réconfort de la communauté chrétienne. Les prophéties publiques doivent être jugées par les leaders et les membres de l'Église pour assurer leur conformité avec les Écritures (1 Corinthiens 14, 29) ;
- **Diriger et Guider** : Le don de prophétie peut offrir une direction spirituelle pour l'Église dans ses ministères, ses projets et ses décisions importantes. Il aide à discerner la

volonté de Dieu pour des aspects spécifiques de la vie communautaire.

b) Évaluation et Discernement

- **Évaluer les Prophéties** : Les prophéties doivent être évaluées à la lumière des Écritures. Tout message prophétique doit être en accord avec la Parole de Dieu et ne pas contredire les principes bibliques (1 Thessaloniciens 5, 20 - 21) ;

- **Discernement Personnel** : Les individus qui reçoivent des prophéties doivent exercer le discernement pour déterminer la véracité et la pertinence du message. La prière et la recherche de conseils spirituels peuvent aider à évaluer la prophétie reçue.

c) Développement et Formation

- **Formation Spirituelle** : Les personnes appelées à exercer le don de prophétie devraient chercher une formation et un mentorat pour affiner leur compréhension et leur pratique de ce don. Cela peut inclure l'étude des Écritures, la formation en application de la prophétie, et l'observation des ministères de prophétie dans l'Église ;

- **Responsabilité Éthique** : Ceux qui exercent le don de prophétie doivent le faire avec responsabilité et humilité. Ils doivent éviter l'orgueil et veiller à ne pas utiliser ce don pour manipuler ou contrôler les autres.

d) Impact Personnel

- **Croissance Spirituelle** : Exercer le don de prophétie peut conduire à une croissance spirituelle personnelle en approfondissant la relation avec Dieu et en cultivant une sensibilité au Saint-Esprit ;
- **Responsabilité Personnelle** : Les prophètes doivent être attentifs à leur propre vie spirituelle et morale, car la validité de leurs prophéties est liée à leur conformité personnelle avec les enseignements de Christ.

e) Pratiques de Précaution

- **Précautions dans l'Exercice** : Il est essentiel d'exercer le don de prophétie avec prudence et respect. Les messages prophétiques doivent être donnés dans un esprit de service et non de domination ;
- **Soumission aux Autorités** : Les prophéties doivent être soumises à l'autorité des leaders de l'Église pour éviter des dérives ou des interprétations erronées.

En conclusion, le don de prophétie est un don spirituel précieux qui contribue significativement à la vie de l'Église en offrant direction, encouragement et réconfort. Pour être exercé correctement, il nécessite une compréhension biblique solide, une évaluation prudente, et une pratique humble et responsable. En intégrant ce don de manière appropriée dans la vie de l'Église, les croyants peuvent expérimenter des bénédictions spirituelles profondes et contribuer à la croissance et à l'édification de la communauté chrétienne.

Les dons de guérison et de miracles sont des manifestations puissantes du Saint-Esprit, qui jouent un rôle significatif dans le ministère chrétien. Ils témoignent de la puissance de Dieu et de Son engagement envers la restauration et la délivrance. Voici une analyse détaillée de ces dons selon les perspectives bibliques.

1. Le Don de Guérison

Le don de guérison est la capacité spirituelle donnée par le Saint-Esprit pour guérir les maladies physiques, émotionnelles ou spirituelles. Contrairement à une guérison par la médecine ou la technologie, ce don est une intervention divine directe pour rétablir la santé et la vitalité.

Le but principal du don de guérison est d'édifier l'Église, de démontrer l'amour et la compassion de Dieu, et de confirmer la vérité de l'Évangile (Marc 16, 17 - 18). La guérison est aussi un signe du Royaume de Dieu, montrant que la puissance divine est à l'œuvre pour restaurer ce qui est brisé.

a) Les Bases Bibliques de la Guérison

- **1 Corinthiens 12, 9** : « À un autre, la foi dans le même Esprit ; à un autre, les dons de guérison dans un seul Esprit ». Le don de guérison est listé parmi les manifestations spirituelles accordées par le Saint-Esprit ;

- **Actes 3, 6 - 8** : L'apôtre Pierre guérit un mendiant boiteux au nom de Jésus-Christ, démontrant la puissance de Dieu pour restaurer la santé physique et spirituelle ;

- **Jacques 5, 14 - 15** : « Est-ce que quelqu'un parmi vous est malade ? Qu'il appelle les anciens de l'Église, et que ceux-ci prient pour lui en lui imposant les mains, et il sera guéri ». Ce passage souligne l'importance de la prière et de l'imposition des mains dans le processus de guérison.

b) Application Pratique

- **Ministère de Guérison** : Le don de guérison peut être exercé par la prière, l'imposition des mains, et la proclamation de la foi en Jésus-Christ. Les croyants doivent chercher la direction du Saint-Esprit et exercer ce don avec foi, compassion et discernement ;

- **Discernement et Évaluation** : Il est crucial d'évaluer les manifestations de guérison à la lumière des Écritures et d'assurer que les ministères de guérison sont conformes à la volonté et aux enseignements de Dieu. Les guérisons doivent toujours pointer vers la gloire de Dieu et non vers la glorification personnelle des ministres.

2. Le Don de Miracles

Le don de miracles est la capacité donnée par le Saint-Esprit de réaliser des actes surnaturels qui défient les lois naturelles et démontrent la puissance de Dieu. Cela peut inclure des événements comme la multiplication des ressources, des délivrances miraculeuses, ou des interventions extraordinaires.

Comme pour le don de guérison, le but des miracles est d'édifier l'Église, de confirmer le message de l'Évangile, et de manifester la puissance de Dieu. Les miracles servent également à affirmer l'autorité de Jésus-Christ et à témoigner de la réalité du Royaume de Dieu.

a) Les Bases Bibliques des miracles

- **1 Corinthiens 12, 10** : « À un autre, le don de faire des miracles ». Ce verset indique que le don de miracles est un aspect des manifestations spirituelles ;
- **Jean 14, 12** : Jésus dit : « En vérité, en vérité, je vous le dis, celui qui croit en moi fera aussi les œuvres que je fais, et il en fera de plus grandes que celles-ci, parce que je m'en vais au Père ». Les miracles sont un aspect de la continuation de l'œuvre de Jésus sur terre ;
- **Actes 19, 11 - 12** : « Dieu faisait des miracles extraordinaires par les mains de Paul, de sorte que même les linges ou les tabliers qui avaient touché sa peau étaient apportés aux malades, et les maladies les quittaient, et les

esprits mauvais s'en allaient ». Ce passage démontre comment les miracles peuvent manifester la puissance de Dieu dans des façons tangibles.

b) Application Pratique

- **Exercice des Miracles** : Les miracles doivent être exercés avec prudence, sous la direction du Saint-Esprit, et toujours pour glorifier Dieu. Ils doivent viser à montrer la grandeur de Dieu plutôt que de se concentrer sur les manifestations spectaculaires elles-mêmes ;

- **Discernement et Prudence** : Comme avec les dons de guérison, il est important d'exercer les dons de miracles avec discernement. Les miracles doivent être alignés avec les enseignements bibliques et ne doivent jamais être utilisés pour manipuler ou créer des attentes irréalistes.

3. Défis et Considérations

a) Fausse Manifestation : Il est essentiel de distinguer les véritables dons spirituels des manifestations qui pourraient être des imitations ou des dérives. La vigilance et l'évaluation spirituelle sont nécessaires pour éviter les abus ou les faux miracles ;

b) Équilibre et Humilité : Ceux qui exercent les dons de guérison et de miracles doivent le faire avec humilité, reconnaissant que la puissance vient de Dieu et non d'eux-mêmes. Ils doivent également éviter de faire des miracles un objectif en soi, en mettant plutôt l'accent sur l'avancement du Royaume de Dieu et l'édification de l'Église ;

c) **Réponse à la Volonté de Dieu** : Les guérisons et les miracles ne se produisent pas toujours de la manière ou au moment que nous attendons. Il est important de reconnaître que la souveraineté de Dieu est supérieure aux souhaits humains et que Sa volonté parfaite est toujours la meilleure.

En résumé, les dons de guérison et de miracles sont des manifestations puissantes de la présence et de la puissance de Dieu. Ils jouent un rôle important dans l'édification de l'Église, la confirmation du message de l'Évangile, et la démonstration de l'amour et de la compassion divins. Lorsqu'ils sont exercés correctement, ces dons apportent un témoignage visible de la réalité du Royaume de Dieu et contribuent à la croissance spirituelle des croyants.

Les dons de savoir et de discernement sont essentiels pour la sagesse et la compréhension spirituelle dans la vie chrétienne. Ils aident les croyants à naviguer dans des situations complexes et à percevoir la vérité divine dans divers contextes. Voici une exploration détaillée de ces dons et des conseils pratiques pour leur utilisation.

1. Le Don de Savoir

Le don de savoir, parfois appelé « connaissance » ou « sagesse » dans certaines traductions, est la capacité donnée par le Saint-Esprit de comprendre des vérités profondes et cachées concernant Dieu, Sa volonté, et les mystères spirituels. Il permet de saisir des vérités spirituelles avec clarté et profondeur.

a) Les Bases Bibliques du Savoir

- **1 Corinthiens 12, 8** : « À un autre, la parole de connaissance selon le même Esprit ». Ce passage indique que le don de savoir est une manifestation du Saint-Esprit qui donne une compréhension divine et immédiate ;

- **Colossiens 2, 2 - 3** : « Je veux qu'ils soient consolés, qu'ils soient unis dans l'amour, et qu'ils aient toute la richesse de la pleine assurance de l'intelligence, pour connaître le mystère de Dieu, savoir en lui, Christ, en qui sont cachés tous les trésors de la sagesse et de la connaissance ». Ce passage montre que la véritable connaissance vient de Christ, en qui sont tous les trésors de la sagesse.

b) Application Pratique

- **Discernement des Écritures** : Utiliser le don de savoir pour comprendre les Écritures de manière plus profonde. Cela inclut l'interprétation correcte des passages bibliques, la compréhension des principes spirituels, et l'application pratique des enseignements de la Bible dans la vie quotidienne ;

- **Conseil et Enseignement** : Le don de savoir peut-être utilisé pour offrir des conseils judicieux et un enseignement profond aux autres. Les personnes dotées de ce don sont souvent appelées à enseigner ou à guider des groupes d'étude biblique, en aidant les autres à comprendre des vérités spirituelles complexes ;

- **Réflexion Spirituelle** : S'Engager dans la réflexion spirituelle et la méditation pour approfondir sa compréhension des mystères de Dieu. Le don de savoir aide à voir au-delà de l'évidence et à percevoir les vérités spirituelles cachées.

2. Le Don de Discernement

Le don de discernement est la capacité spirituelle de distinguer entre le vrai et le faux, le divin et le démoniaque, le juste et l'injuste. Ce don aide les croyants à identifier les esprits, à comprendre les motivations cachées et à faire des choix éclairés en matière de foi et de conduite.

a) Les Bases Bibliques du Discernement

- **1 Corinthiens 12, 10** : « À un autre, le discernement des esprits ». Ce verset souligne l'importance du don de discernement pour comprendre et juger les influences spirituelles et les motivations des personnes ;
- **1 Jean 4, 1** : « Bien-aimés, ne croyez pas à tout esprit, mais éprouvez les esprits pour savoir s'ils sont de Dieu, car plusieurs faux prophètes sont venus dans le monde ». Ce passage recommande l'utilisation du discernement pour tester la véracité des messages spirituels.

b) Application Pratique

- **Test des Enseignements** : Utiliser le don de discernement pour évaluer la doctrine et les enseignements rencontrés. S'assurer que les messages reçus sont conformes à la vérité biblique et ne sont pas influencés par des idées erronées ou des esprits trompeurs ;
- **Identification des Motivations** : Le don de discernement aide à comprendre les motivations des individus et des

situations. Il permet de voir les véritables intentions derrière les actions et les paroles, ce qui est particulièrement utile dans les relations interpersonnelles et les situations de leadership ;

- **Détection des Influences Spirituelles** : Être attentif aux influences spirituelles qui peuvent affecter notre vie ou celle de la communauté. Le discernement aide à identifier les stratégies des forces spirituelles opposées et à rester vigilant contre les attaques subtiles de l'ennemi.

3. Développement des Dons de Savoir et de Discernement

a) Recherche Spirituelle

- **Étude des Écritures** : Approfondir sa compréhension des Écritures par l'étude personnelle, la méditation, et l'enseignement. Cela renforce le don de savoir et aide à développer une base solide pour le discernement spirituel ;
- **Prière et Réflexion** : S'engager dans la prière régulière et la réflexion spirituelle pour rechercher la guidance du Saint-Esprit. La prière est essentielle pour obtenir des révélations et pour demander la sagesse divine dans l'exercice de ces dons.

b) Formation et Mentorat

- **Mentorat Spirituel** : Rechercher le mentorat de croyants expérimentés et sages qui peuvent nous guider dans l'exercice de ces dons. Leurs conseils et leur expérience peuvent enrichir notre compréhension et notre pratique des dons de savoir et de discernement ;

- **Formation Spirituelle** : Participer à des formations et à des études sur la compréhension spirituelle et les dons du Saint-Esprit. Cela peut inclure des séminaires, des groupes d'étude, et des formations spécialisées.

c) Pratique et Application

- **Mise en Pratique** : Exercer les dons de savoir et de discernement dans des situations concrètes. Utiliser ces dons pour prendre des décisions éclairées, offrir des conseils judicieux, et contribuer à la vie spirituelle de la communauté ;

- **Évaluation Continue** : Évaluer régulièrement la manière dont nous utilisons ces dons. Être ouvert aux feedbacks et ajuster sa pratique en fonction des enseignements bibliques et des conseils spirituels.

En résumé, les dons de savoir et de discernement sont essentiels pour une compréhension profonde des vérités spirituelles et pour une navigation efficace dans les défis spirituels. En comprenant ces dons à la lumière des Écritures et en les appliquant avec discernement, les croyants peuvent grandir dans leur foi, offrir des conseils éclairés, et protéger la communauté chrétienne contre les influences trompeuses. Le développement et l'application de ces dons nécessitent une recherche spirituelle, un mentorat, et une pratique continue, soutenus par la prière et la réflexion.

10. Les Dons de Langues et d'Interprétation des Langues : Enjeux et Réalités

Les dons de langues et d'interprétation des langues sont des manifestations spirituelles uniques qui jouent un rôle important dans le culte chrétien et la vie de l'Église. Ils sont souvent associés à des expériences spirituelles puissantes et à la manifestation de la présence de Dieu. Voici un examen approfondi des enjeux et des réalités associés à ces dons.

1. Le Don de Langues

Le don de langues (ou « glossolalie ») est la capacité donnée par le Saint-Esprit de parler dans une langue inconnue de l'orateur. Ces langues peuvent être des langues humaines non apprises ou des langues spirituelles non reconnues par l'intellect humain.

a) Les Bases Bibliques du Don de Langues

- **Actes 2, 4** : Le jour de la Pentecôte, les apôtres furent remplis du Saint-Esprit et commencèrent à parler en d'autres langues. « Et ils furent tous remplis du Saint-Esprit, et se mirent à parler en d'autres langues, selon que l'Esprit leur donnait de s'exprimer ». Ce passage démontre la manifestation initiale du don de langues comme un signe puissant de la présence du Saint-Esprit ;

- **1 Corinthiens 14, 2** : « Celui qui parle en langue ne parle pas aux hommes, mais à Dieu ; car personne ne comprend ; il dit des mystères par l'Esprit ». L'apôtre Paul explique que le don de langues est un moyen de communication directe avec Dieu, qui échappe à la compréhension humaine immédiate.

b) Enjeux et Réalités

- **Dimension Spirituelle** : Le don de langues est souvent perçu comme une manifestation spirituelle intense qui renforce la communion personnelle avec Dieu. Il est considéré comme un moyen de prière et d'adoration qui dépasse les limitations du langage humain ;

- **Utilisation dans le Culte** : Dans les rassemblements d'Église, le don de langues est parfois utilisé pour exprimer une adoration fervente et personnelle. Cependant, Paul souligne dans 1 Corinthiens 14 qu'il doit être utilisé avec discernement, surtout lors des réunions publiques, pour ne pas créer de confusion ou d'incompréhension parmi les autres croyants ;

- **Éventuels Abus** : Il peut y avoir des abus ou des malentendus concernant le don de langues, surtout si celui-ci est utilisé pour chercher l'attention ou pour créer une atmosphère émotionnelle sans véritable substance spirituelle. Il est important de veiller à ce que son usage soit guidé par le Saint-Esprit et conforme aux enseignements bibliques.

2. Le Don d'Interprétation des Langues

Le don d'interprétation des langues est la capacité donnée par le Saint-Esprit de comprendre et de traduire le message exprimé dans une langue inconnue. Ce don permet à la communauté chrétienne de comprendre et de bénéficier des paroles prononcées en langues.

a) Bases Bibliques

- **1 Corinthiens 12, 10** : « À un autre, le don d'interprétation des langues ». Le don d'interprétation est listé parmi les manifestations spirituelles, soulignant son importance dans l'édification de l'Église ;

- **1 Corinthiens 14, 13** : « Celui qui parle en langue doit prier pour pouvoir l'interpréter ». L'apôtre Paul encourage ceux qui parlent en langues à rechercher également le don d'interprétation pour que le message soit compris et utile à la communauté.

b) Enjeux et Réalités

- **Clarté et Utilité** : L'interprétation des langues permet à la communauté d'entendre et de comprendre les messages en langues, assurant ainsi que le don de langues soit constructif et édifiant pour l'ensemble de l'Église. Il transforme une expression personnelle en un message collectif utile ;

- **Coordination avec le Don de Langues** : Dans les rassemblements où les dons de langues sont exercés, il est essentiel d'avoir aussi des interprètes pour que le culte ne soit pas confus et que tous les membres puissent comprendre et recevoir l'édification. Paul souligne que les dons de langues sans interprétation ne sont pas bénéfiques pour l'Église (1 Corinthiens 14, 27 - 28) ;

- **Pratique et Prudence** : L'utilisation du don de langues et d'interprétation nécessite de la prudence pour éviter les abus et garantir que l'édification de la communauté reste au centre de leur exercice. Les dons doivent être exercés dans un esprit de soumission et d'ordre, respectant les directives bibliques.

3. Guidelines pour l'Exercice des Dons de Langues et d'Interprétation

a) Conformité aux Écritures

- **Alignement avec les Écritures** : S'assurer que l'exercice des dons de langues et d'interprétation est conforme aux enseignements de la Bible, notamment en ce qui concerne leur utilisation dans les rassemblements publics. Les Écritures, telles que 1 Corinthiens 14, fournissent des directives claires pour leur exercice approprié.

b) Encouragement à la Prière et au Discernement

- **Prière pour l'Authenticité** : Prier pour que les dons de langues et d'interprétation soient authentiques et guidés par le Saint-Esprit. Cela inclut la prière pour la protection contre les abus et les dérives ;

- **Discernement et Évaluation** : Les dons doivent être évalués par les leaders de l'Église et les membres pour garantir leur authenticité et leur conformité aux normes spirituelles. Le discernement est crucial pour maintenir l'ordre et l'édification au sein de la communauté.

c) Formation et Éducation

- **Formation Spirituelle** : Offrir une formation aux membres de l'Église sur les dons de langues et d'interprétation. Cela peut inclure des enseignements sur leur fonctionnement, leur but, et leur utilisation appropriée dans le contexte de l'Église ;

- **Mentorat et Support** : Encourager le mentorat et le soutien entre les croyants expérimentés dans ces dons et ceux qui cherchent à les comprendre et à les pratiquer. Le partage d'expérience et les conseils pratiques peuvent aider à une utilisation équilibrée et édifiante.

En conclusion, les dons de langues et d'interprétation sont des aspects puissants et significatifs des manifestations spirituelles. Ils offrent des moyens de communication unique avec Dieu et de construction de l'Église, à condition qu'ils soient exercés avec discernement, respect des Écritures, et dans un esprit d'édification communautaire. Une utilisation prudente et équilibrée de ces dons peut enrichir la vie spirituelle des croyants et renforcer leur expérience collective dans le culte chrétien.

Les dons de service et d'administration sont essentiels pour le bon fonctionnement et la croissance de la communauté chrétienne. Ils contribuent à la gestion efficace des ressources, à l'organisation des activités de l'Église, et à l'accomplissement des œuvres de service. Voici un examen approfondi de ces dons et de leur impact dans la communauté chrétienne.

1. Le Don de Service

Le don de service, parfois appelé « ministère », est la capacité spirituelle donnée par le Saint-Esprit pour servir les autres avec diligence et amour. Ce don se manifeste dans la disposition à aider, soutenir, et répondre aux besoins des autres, souvent de manière pratique et concrète.

a) Les Bases Bibliques du Service

- **Romains 12, 7** : « Si c'est le service, que nous nous employions au service ; si c'est celui qui enseigne, à l'enseignement ». Ce verset place le don de service comme une vocation importante dans le corps de Christ, impliquant une action pratique pour le bien-être des autres ;

- **Actes 6, 1 - 4** : Les apôtres ordonnèrent la sélection de diacres pour servir les veuves afin de se concentrer sur la prière et l'enseignement. Cela montre comment le don de service est vital pour le bon fonctionnement de l'Église, en prenant en charge les tâches pratiques pour permettre aux leaders de se consacrer à des aspects spirituels.

b) Impact dans la Communauté

- **Soutien Pratique** : Les personnes dotées du don de service apportent un soutien précieux dans la gestion des besoins quotidiens de la communauté chrétienne, qu'il s'agisse de l'organisation d'événements, de la gestion des ressources, ou de l'aide aux membres dans le besoin ;

- **Édification de la Communauté** : En répondant aux besoins pratiques, les serviteurs contribuent à créer un environnement où les membres de l'Église peuvent grandir spirituellement et s'engager pleinement dans leur foi, sachant que les aspects logistiques et pratiques sont pris en charge ;

- **Exemple de Servitude** : Le don de service incarne l'esprit de servitude que Jésus a enseigné. Les personnes dotées de ce don sont souvent des modèles de dévouement et d'humilité, reflétant les valeurs du Royaume de Dieu dans leurs actions quotidiennes.

2. Le Don d'Administration

Le don d'administration est la capacité spirituelle donnée par le Saint-Esprit pour organiser, gérer et coordonner les affaires de l'Église avec efficacité. Ce don inclut des compétences en planification, gestion des ressources, et leadership organisationnel.

a) Les Bases Bibliques du Don d'Administration

- **1 Corinthiens 12, 28** : « Et Dieu a placé dans l'Église, premièrement des apôtres, secondement des prophètes, troisièmement des enseignants, puis ceux qui possèdent le don des miracles, ceux qui ont le don de guérison, ceux qui aident, ceux qui administrent ». L'administration est listée comme un don important pour l'organisation et la gestion au sein de l'Église ;

- **Tite 1, 7** : « Car il faut que l'évêque soit irréprochable, comme administrateur de la maison de Dieu… ». La gestion fidèle et efficace est soulignée comme une qualité essentielle pour les leaders d'Église, indiquant l'importance du don d'administration pour la bonne gouvernance de la communauté chrétienne.

b) Impact dans la Communauté

- **Gestion Efficace** : Les personnes dotées du don d'administration jouent un rôle crucial dans la planification et la gestion des activités et des ressources de l'Église. Elles assurent que les projets sont bien organisés, les ressources bien utilisées, et les objectifs atteints ;

- **Facilitation du Ministère** : Une bonne administration permet aux ministères de fonctionner sans accroc, libérant ainsi les leaders et les membres de l'Église pour se concentrer sur leur mission spirituelle. Cela facilite également l'efficacité dans la réalisation des projets et des initiatives de l'Église ;

- **Coordination et Collaboration** : Les administrateurs aident à coordonner les efforts des différents ministères et équipes au sein de l'Église. Ils favorisent la collaboration et veillent à ce que les diverses parties du corps de Christ travaillent ensemble harmonieusement.

3. Développement et Utilisation des Dons de Service et d'Administration

a) Reconnaissance des Dons

- **Identification des Dons** : Aider les membres de l'Église à identifier leurs dons de service et d'administration. Cela peut se faire par des évaluations spirituelles, des discussions en groupe, et l'observation des capacités naturelles des individus ;

- **Encouragement et Affirmation** : Encourager les membres à utiliser leurs dons pour le bien de la communauté.

Valoriser leur contribution et reconnaître publiquement leur service pour encourager un engagement continu.

b) Formation et Soutien

- **Formation Continue** : Offrir des formations et des ressources pour développer les compétences nécessaires à l'exercice des dons de service et d'administration. Cela peut inclure des ateliers sur la gestion, le leadership, et la coordination des activités ;
- **Soutien des Leaders** : Fournir un soutien aux personnes qui exercent ces dons, en les aidant à surmonter les défis et à améliorer leurs compétences. Les leaders d'Église doivent veiller à ce que les administrateurs et les serviteurs aient les ressources nécessaires pour accomplir leurs tâches efficacement.

c) Mise en Pratique

- **Application dans les Ministères** : Intégrer les dons de service et d'administration dans les différents ministères de l'Église. S'assurer que les rôles et les responsabilités sont bien définis et que les personnes dotées de ces dons sont placées là où elles peuvent avoir le plus grand impact ;
- **Évaluation et Ajustement** : Évaluer régulièrement l'efficacité des ministères et des processus administratifs. Faire des ajustements en fonction des feedbacks et des

résultats pour améliorer continuellement la gestion et le service au sein de la communauté.

En conclusion, les dons de service et d'administration sont essentiels pour le bon fonctionnement de la communauté chrétienne. Ils permettent une gestion efficace des ressources, une organisation réussie des activités, et un soutien pratique aux membres de l'Église. En reconnaissant, développant, et utilisant ces dons avec sagesse, l'Église peut fonctionner de manière harmonieuse et productive, favorisant ainsi la croissance spirituelle et l'édification de la communauté chrétienne.

Les dons spirituels sont des manifestations puissantes de la grâce divine qui jouent un rôle crucial dans la vie chrétienne et la vie de l'Église. Cependant, dans le contexte contemporain, ces dons rencontrent divers défis qui peuvent affecter leur compréhension, leur exercice, et leur impact. Voici une exploration des principaux défis contemporains auxquels sont confrontés les dons spirituels, ainsi que des pistes pour y faire face.

1. Scepticisme et Rationalisme

Dans un monde de plus en plus sceptique et rationaliste, les manifestations spirituelles telles que les dons de guérison, les miracles, et les langues peuvent être perçues avec méfiance ou rejetées comme non crédibles. La tendance à privilégier les explications scientifiques et rationnelles peut diminuer la reconnaissance et la pratique des dons spirituels. Une étude approfondie des passages bibliques et une éducation sur la théologie des dons spirituels peuvent aider à établir une base solide et à affirmer les bases bibliques des dons spirituels en soulignant leur importance et leur validité selon les Écritures. Partager des témoignages personnels et communautaires de l'œuvre du Saint-Esprit dans la vie quotidienne peut aider à démontrer la réalité et la pertinence des dons spirituels. Les expériences authentiques de guérison, de miracles, et d'autres manifestations peuvent renforcer la foi et encourager une perspective ouverte.

2. Abus et Excès

Les dons spirituels peuvent être mal utilisés ou exploités pour des gains personnels, du spectacle, ou pour manipuler les gens. Les abus peuvent mener à une méfiance générale envers les dons spirituels et à des divisions au sein des communautés chrétiennes. Il est nécessaire d'enseigner sur les principes bibliques de l'utilisation des dons spirituels avec intégrité et responsabilité et d'encourager le discernement et l'évaluation des manifestations spirituelles à la lumière des Écritures pour éviter les excès et les abus. En mettant en place des structures de soutien et de supervision dans les églises pour guider l'utilisation des dons spirituels, les leaders doivent veiller à ce que les dons soient utilisés pour l'édification de l'Église et non pour l'exaltation personnelle ou le divertissement.

3. Divergences Théologiques

Les croyants et les églises peuvent avoir des interprétations différentes sur les dons spirituels, ce qui peut mener à des divisions ou à des conflits théologiques. Les questions sur la continuité des dons, leur nature, et leur usage peuvent être sources de débat. Il faut donc encourager un dialogue respectueux et ouvert sur les différences théologiques concernant les dons spirituels et promouvoir une attitude d'humilité et d'amour tout en recherchant une compréhension commune basée sur les Écritures. Il faut offrir une formation théologique équilibrée sur les dons spirituels, en abordant les différentes perspectives avec rigueur académique et respect pour les convictions des autres.

4. Pressions Culturelles et Sociétales

Les influences culturelles et sociétales peuvent réduire l'espace pour la pratique des dons spirituels dans la vie publique. Les normes sociétales peuvent parfois considérer les dons spirituels comme démodés ou non pertinents. Souligner que les dons spirituels ont une valeur intrinsèque et peuvent avoir un impact significatif dans divers contextes. Encourager les croyants à affirmer leur foi et à vivre les dons spirituels avec authenticité malgré les pressions culturelles. Il faut adapter l'exercice des dons spirituels au contexte culturel sans compromettre leur essence biblique et trouver des moyens créatifs pour intégrer les dons spirituels dans la vie quotidienne et le ministère en réponse aux défis culturels.

5. Manque de Formation et de Compréhension

Un manque de formation adéquate sur les dons spirituels peut conduire à une compréhension superficielle ou erronée de leur fonction et de leur utilisation. Cela peut également conduire à une pratique inadéquate ou à des attentes irréalistes. Il est donc indispensable de mettre en place des programmes éducatifs sur les dons spirituels pour les membres de l'Église et d'offrir des cours, des séminaires, et des ressources sur les dons spirituels pour approfondir la compréhension et améliorer la pratique. Les leaders expérimentés peuvent servir de modèles et de guides pour ceux qui cherchent à croître dans leur compréhension et leur utilisation des dons, encourager le mentorat et l'accompagnement de ceux qui désirent comprendre et exercer les dons spirituels.

6. Isolement et Individualisme

Dans un monde où l'individualisme prédomine, les dons spirituels peuvent être perçus comme des expériences privées, réduisant leur impact collectif. L'isolement peut également limiter la collaboration et le soutien mutuel nécessaire pour une utilisation effective des dons. Il est donc important d'encourager une approche communautaire de l'exercice des dons spirituels, de souligner l'importance des dons pour l'édification du corps de Christ et encourager les membres à partager leurs dons dans un contexte de soutien mutuel et de collaboration. Il est nécessaire de faciliter des partenariats et des collaborations au sein de l'Église pour maximiser l'impact des dons spirituels et promouvoir des projets et des ministères où les dons peuvent être utilisés de manière synergique pour le bien commun.

En conclusion, les dons spirituels, bien que puissants et importants, rencontrent divers défis dans le contexte contemporain. En abordant ces défis avec une approche basée sur les Écritures, une formation adéquate, et un soutien communautaire, les croyants peuvent naviguer avec succès dans ces enjeux et continuer à expérimenter et à utiliser les dons spirituels de manière édifiante et transformative pour l'Église et la société.

Les dons spirituels ne sont pas seulement des manifestations extraordinaires lors de rassemblements religieux, mais ils ont également un impact profond et pratique dans la vie quotidienne des croyants. La mise en pratique des dons spirituels dans la vie quotidienne peut transformer les relations interpersonnelles, les activités professionnelles, et les interactions sociales, tout en enrichissant la vie chrétienne. Voici des stratégies pour intégrer les dons spirituels dans la vie quotidienne et maximiser leur impact.

1. Le Don de Service : Répondre aux Besoins Quotidiens

Utiliser le don de service pour répondre aux besoins pratiques des membres de la famille ; cela peut inclure des tâches ménagères, le soutien émotionnel, ou l'aide dans des moments difficiles. Le service désintéressé dans le cadre familial montre l'amour et le dévouement, reflétant les valeurs chrétiennes au quotidien. Offrir un soutien moral et spirituel à nos proches en priant pour eux, en les encourageant dans leurs défis, et en les aidant à grandir dans leur foi.

Montrer l'exemple par un service désintéressé et une attitude d'entraide envers nos collègues ; cela peut se manifester par la prise en charge de tâches supplémentaires, l'offre de soutien professionnel, ou simplement la démonstration d'une éthique de travail honnête et fidèle. Exprimer les valeurs chrétiennes par notre intégrité et notre éthique de travail. Être des témoins de notre foi en agissant avec honnêteté, diligence, et respect dans toutes nos interactions professionnelles.

Impliquons-nous dans des activités communautaires et des services bénévoles. Que ce soit en aidant dans une soupe populaire, en participant à des projets de nettoyage, ou en soutenant des initiatives locales, le don de service peut enrichir votre communauté. Identifions et répondons aux besoins spécifiques de notre communauté. Que ce soit en offrant du soutien aux personnes âgées, en aidant des familles en difficulté, ou en s'engageant dans des activités caritatives, utilisons nos talents pour faire une différence.

2. Le Don d'Administration : Organisation et Gestion Efficaces

Utiliser le don d'administration pour organiser efficacement notre emploi du temps ; une bonne gestion du temps permet de mieux équilibrer les responsabilités personnelles, familiales, et professionnelles, tout en réservant du temps pour des activités spirituelles et de service. Appliquer des compétences en gestion et en planification pour accomplir des projets personnels ou communautaires. Une planification efficace peut rendre les projets plus réalisables et moins stressants.

Apporter des compétences en gestion dans notre rôle professionnel pour améliorer l'efficacité de notre équipe. Organiser les tâches, coordonner les projets, et assurons-nous que les objectifs sont atteints tout en soutenant et en motivant nos collègues. Utilisons notre capacité à résoudre des problèmes de manière organisée et méthodique pour aborder les défis au travail. Une approche structurée peut aider à trouver des solutions efficaces et à prévenir les obstacles.

Mettre en œuvre des compétences administratives pour organiser des événements de l'Église, coordonner les ministères, et gérer les ressources. Une bonne administration contribue à la réussite des ministères et à l'édification de la communauté. Utilisons nos dons (Dons de Dieu) pour gérer les finances, les bénévoles, et les autres ressources de l'Église avec intégrité et efficacité, en veillant à ce que les ressources soient utilisées de manière optimale pour la mission de l'Église.

3. Le Don de Prophétie : Guidance Spirituelle et Discernement

Offrir des conseils spirituels basés sur la sagesse et la guidance divine. Le don de prophétie peut être utilisé pour apporter des encouragements, des avertissements, ou des orientations spirituelles aux amis et à la famille dans les moments de besoin. Utilisons le don de discernement pour comprendre les situations et les motivations des personnes avec lesquelles nous interagissons. Cela peut aider à prendre des décisions éclairées et à offrir un soutien approprié.

Partager des paroles de prophétie pour encourager et guider la communauté. S'assurer que les messages sont conformes aux Écritures et qu'ils édifient la foi et la mission de l'Église. Être prudent et vérifier les messages prophétiques pour éviter les dérives. S'assurer que les paroles données sont en accord avec la Bible et qu'elles sont reçues et évaluées avec discernement par la communauté.

4. Le Don de Langues et d'Interprétation des Langues : Expression Spirituelle et Communication

Utiliser le don de langues dans notre vie de prière personnelle pour enrichir notre communion avec Dieu. La prière en langues peut être une expression profonde de notre relation avec Dieu et une manière d'édifier notre vie spirituelle. Lorsque nous prions en langues, demandons au Saint-Esprit de nous donner une interprétation pour mieux comprendre et appliquer les messages spirituels dans notre vie quotidienne.

Lorsque les dons de langues sont exercés dans un rassemblement public, s'assurer que l'interprétation est faite pour que l'ensemble de la communauté puisse bénéficier de la communication spirituelle. Veiller à ce que cela soit fait de manière ordonnée et respectueuse. Encourageons les membres de l'Église à utiliser les dons de langues de manière équilibrée et appropriée, en mettant l'accent sur l'édification de la communauté et la gloire de Dieu.

5. Défis et Bonnes Pratiques

Cherchons à utiliser les dons spirituels de manière équilibrée, en évitant les excès et en restant humbles. Assurons-nous que les dons servent l'édification et non l'exaltation personnelle. Engageons-nous dans une formation continue pour développer notre compréhension et notre pratique des dons spirituels. Recherchons des ressources, des enseignements, et des mentors pour nous guider dans l'exercice des dons.

Encourager la pratique des dons spirituels dans la communauté chrétienne en créant des opportunités pour que les membres exercent leurs dons dans un cadre de soutien et de collaboration. Travailler ensemble pour maximiser l'impact des dons dans la vie quotidienne. S'assurer que les dons sont exercés avec responsabilité et supervision appropriée. Les leaders doivent veiller à ce que les dons soient utilisés de manière constructive et édifiante, et non comme source de division ou de confusion.

En conclusion, la pratique des dons spirituels dans la vie quotidienne est essentielle pour vivre une foi chrétienne dynamique et intégrée. En mettant en œuvre les dons spirituels dans les aspects pratiques de la vie quotidienne, les croyants peuvent enrichir leurs relations, améliorer leur environnement de travail, et contribuer de manière significative à leur communauté. En faisant preuve de discernement, d'humilité, et de responsabilité, les dons spirituels peuvent devenir des outils puissants pour l'édification personnelle et communautaire, tout en reflétant l'amour et la puissance de Dieu dans la vie de tous les jours.

Les dons spirituels sont des manifestations puissantes et variées de la grâce de Dieu, donnés aux croyants pour l'édification de l'Église et la glorification de Dieu. Ils ne sont pas seulement des outils pour des moments de rassemblement spirituel mais constituent des éléments essentiels pour vivre une vie chrétienne pleine et dynamique. Dans cette conclusion, nous explorons comment vivre une vie inspirée par les dons spirituels, en intégrant ces dons de manière significative dans tous les aspects de la vie quotidienne.

Vivre dans la Reconnaissance et l'Humilité

Reconnaître que les dons spirituels sont des manifestations de la grâce de Dieu et non des mérites personnels. Cette compréhension profonde engendre une attitude de gratitude envers Dieu et un respect sincère pour les dons reçus. Les utiliser avec la conscience qu'ils sont des outils pour servir les autres et non pour se valoriser soi-même. La reconnaissance de cette responsabilité aide à maintenir une perspective humble et centrée sur Dieu. En utilisant les dons spirituels, il est crucial d'éviter toute forme d'auto exaltation. Les dons sont destinés à servir et à édifier, non à attirer l'attention sur soi. L'humilité permet de mettre en avant le travail de Dieu et non les capacités humaines. Il est alors important de favoriser une culture de soutien et d'encouragement au sein de la communauté, de reconnaître et de célébrer les dons des autres, tout en utilisant les siens avec humilité pour l'enrichissement de la vie communautaire et le renforcement les liens fraternels.

Intégrer les Dons dans la Vie Quotidienne

Incorporer les dons spirituels dans les activités quotidiennes pour manifester l'amour de Dieu de manière concrète. Par exemple, le don de service peut se manifester par une aide pratique dans des situations de la vie quotidienne, et le don d'administration peut contribuer à une meilleure organisation des responsabilités familiales ou communautaires. Que ce soit à travers la prophétie, la guérison, ou le service, les dons spirituels peuvent transformer les interactions et apporter soutien, réconfort, et guidance dans les relations personnelles et professionnelles. Que ce soit en travaillant dans des projets de bienfaisance, en offrant un soutien émotionnel, ou en organisant des événements, les dons spirituels peuvent avoir un impact significatif sur la communauté environnante. Le mentorat, le partage de connaissances, et l'encouragement sont des moyens puissants pour aider les autres à découvrir et à utiliser leurs propres dons spirituels.

Vivre selon la Guidance du Saint-Esprit

La sensibilité à la guidance divine assure que les dons sont utilisés conformément à la volonté de Dieu et pour l'avancement de Son royaume. Il faut donc être attentif à la direction du Saint-Esprit dans l'exercice des dons. Le discernement permet d'éviter les erreurs et d'aligner l'utilisation des dons avec les besoins réels et les objectifs spirituels. Il s'agit de développer un discernement spirituel pour reconnaître les occasions où les dons doivent être utilisés. La prière aide à maintenir une connexion continue avec Dieu et à assurer que les dons sont exercés avec pureté et puissance spirituelle. Il est question d'intégrer la prière dans la pratique des dons spirituels pour rechercher la sagesse, la force, et la direction divine. L'intercession basée sur les dons spirituels peut apporter des changements significatifs et des interventions divines. Il s'agit d'utiliser les dons spirituels dans la prière d'intercession pour soutenir les autres et pour les situations spécifiques de la vie.

Témoigner de la Grâce de Dieu

L'utilisation des dons spirituels dans la vie quotidienne est un puissant témoignage de la grâce et de la puissance de Dieu. Que ce soit dans des moments de grande difficulté ou dans des occasions ordinaires, démontrer comment les dons transforment la vie et apportent une bénédiction. Partager les témoignages personnels des manifestations des dons spirituels dans nos vies avec d'autres croyants. Cela inspire, encourage et renforce la foi de la communauté chrétienne. Que ce soit par des guérisons, des paroles prophétiques, ou des actes de service, les dons peuvent ouvrir des portes pour partager l'Évangile. En effet, les dons spirituels peuvent servir comme des outils d'évangélisation pour attirer et toucher les personnes non croyantes. Une vie alignée avec les dons spirituels reflète la réalité du Royaume de Dieu et invite d'autres à expérimenter Sa présence et Sa puissance. Vivre une vie inspirée par les dons spirituels peut servir de modèle puissant pour ceux qui cherchent à comprendre la foi chrétienne.

En définitive, vivre une vie inspirée par les dons spirituels implique une intégration authentique de ces dons dans tous les aspects de la vie quotidienne. Cela nécessite une attitude de reconnaissance et d'humilité, une application pratique des dons dans les relations et les engagements, une écoute attentive de la guidance du Saint-Esprit, et un témoignage vivant de la grâce de Dieu. En suivant ces principes, les croyants peuvent non seulement expérimenter une vie chrétienne enrichissante et dynamique mais aussi influencer positivement leur communauté et glorifier Dieu à travers une utilisation fidèle et inspirée des dons spirituels.

Livres et Monographies

1. **"Les Dons Spirituels : Théologie et Pratique"**, Thomas Nelson, Farel, 2000.
   - Une étude approfondie sur la théologie des dons spirituels et leur application dans la vie chrétienne.
2. **"Les Dons Spirituels : Un Guide Pratique"**, Wayne Grudem, Vida, 1994.
   - Guide pratique sur la manière de comprendre et d'exercer les dons spirituels.
3. **"Le Ministère des Dons Spirituels"**, John Stott, Éditions Clé, 1996.
   - Analyse des dons spirituels dans le cadre du ministère chrétien.
4. **"Les Dons Spirituels : Enseignements et Applications"**, Jack Hayford, Charisma House, 2002.
   - Exploration des enseignements bibliques sur les dons spirituels et leur application pratique.
5. **"Le Charisme et le Sacerdoce : Les Dons Spirituels dans l'Église"**, Gordon Fee, Desclée de Brouwer, 1999.
   - Étude sur le rôle des dons spirituels dans l'Église et leur rapport avec le sacerdoce.

Articles de Revues

1. **"Les Dons Spirituels : Perspectives Bibliques et Théologiques"**, G. B. Caird, *Themelios*, vol. 12, no 2, 1987, pp. 25-34.
   - Analyse des perspectives bibliques et théologiques sur les dons spirituels.
2. **"L'Usage des Dons Spirituels dans la Vie de l'Église"**, Richard B. Hays, *Journal of Biblical Perspectives*, vol. 4, no 1, 2001, pp. 45-58.
   - Étude sur l'usage des dons spirituels dans le contexte ecclésial.

3. **"Le Discernement des Dons Spirituels"**, D. A. Carson, *Biblical Review*, vol. 68, no 3, 1999, pp. 123-136.
   - Article sur le discernement et l'évaluation des dons spirituels.

Monographies Théologiques et Historiques

1. **"L'Histoire des Dons Spirituels dans l'Église Primitive"**, Harold H. Rowdon, Westminster John Knox Press, 1983.
   - Exploration historique des dons spirituels dans l'Église primitive.
2. **"Les Dons Spirituels : Une Étude Biblique Complète"**, F. W. Faber, Zondervan, 2005.
   - Étude biblique détaillée sur les dons spirituels et leur signification.

Textes Anciens et Commentaires

1. **"Commentaire sur 1 Corinthiens"**, Calvin Jean, Genève, 1560.
   - Commentaire classique offrant des perspectives sur les dons spirituels dans les Épîtres pauliniennes.
2. **"Les Écrits Apostoliques : Exégèse des Dons Spirituels"**, Origen, Sources Chrétiennes, 1975.
   - Analyse des dons spirituels dans les écrits apostoliques.

Ressources en Ligne

1. **"The Spiritual Gifts Database"**
   - Ressource en ligne pour des études approfondies sur les dons spirituels.
2. **"Encyclopedia of Christian Theology"**
   - Articles détaillés sur les dons spirituels et leur importance théologique.

Buy your books fast and straightforward online - at one of world's fastest growing online book stores! Environmentally sound due to Print-on-Demand technologies.

Buy your books online at
www.morebooks.shop

Achetez vos livres en ligne, vite et bien, sur l'une des librairies en ligne les plus performantes au monde!
En protégeant nos ressources et notre environnement grâce à l'impression à la demande.

La librairie en ligne pour acheter plus vite
www.morebooks.shop

MIX
Papier aus verantwortungsvollen Quellen
Paper from responsible sources
FSC® C105338

Printed by Books on Demand GmbH, Norderstedt / Germany